LA FRANCE

ET

LE MEXIQUE

LA FRANCE

ET

LE MEXIQUE

PAR

ADOLPHE DE BELLEYME

Député au Corps législatif.

PARIS

DENTU, ÉDITEUR-LIBRAIRE

Galerie d'Orléans, 17 et 19 (Palais-Royal)

1863

LA FRANCE

ET LE MEXIQUE

A l'origine de l'expédition du Mexique, lorsque cette entreprise devait être l'œuvre des trois puissances alliées, la candidature de l'archiduc Maximilien se présentait comme une idée sage.

Les frais, les risques, la responsabilité de la guerre se trouvant partagés et le Mexique ne devant pas l'être, le désintéressement devenait obligatoire, et pour qu'aucun des belligérants ne fît tourner la guerre à son profit, il fallait un candidat qui fût étranger à tous.

Les hautes qualités de l'archiduc Maximilien appelaient l'attention sur lui. Rien n'était plus à propos que le choix de ce prince, dont la position permettait aux trois nations engagées de consolider sans jalousie le trône que leurs armes allaient probablement élever.

En présence d'une œuvre si désintéressée et si généreuse, l'accord ne dura pas longtemps. La France se vit abandonnée par ses alliés et pour ne pas faire subir à son drapeau l'humiliation de reculer devant M. Juarez, elle dut accomplir la tâche à elle seule.

Mais aussi la retraite inexplicable de l'armée espagnole, l'isolement de notre corps d'armée, les facilités qui en sont résultées pour la défense, le courage qu'il a fallu pour soutenir devant l'opinion publique une guerre nécessaire mais mal comprise, la violence de la lutte, sa durée, les pertes occasionnées par le feu de l'ennemi et par les maladies, en un mot le fardeau de la guerre imposé à la France seule, l'action isolée substituée à l'action commune, les douloureux sacrifices qui en ont été la conséquence sont des faits imprévus qui ont complétement changé la face des choses.

En présence de ces faits, la solution primitive, équitable à l'origine, cesse d'avoir sa raison d'être, et la candidature de l'archiduc semble si peu en rapport avec l'état actuel des choses, que tout le moude en arrive à se demander pourquoi l'épée de la France aurait été tailler en Amérique un empire à un archiduc d'Autriche.

Cependant l'attitude prise et conservée, avec peu de prévoyance peut-être, par la France, depuis le début de la guerre, lui fait un devoir d'honneur de n'apporter aucun empêchement à l'élévation de l'archiduc Maximilien. Il faut savoir accepter, cette fois encore, la tradition si éminemment française de travailler pour la gloire, et rien que pour la gloire.

La France a chevaleresquement promis de laisser les Mexicains libres de régler leurs destinées ; aujourd'hui que leur choix semble fait, elle doit le respecter. Sans tenir compte de la précipitation avec laquelle les partisans de l'archiduc ont brusqué le dénoûment, dès que la couronne est offerte à ce prince, si ce prince l'accepte, le gouvernement impérial n'a plus qu'une chose à faire : la lui tendre galamment.

Mais ce qu'il ne doit faire à aucun prix, c'est de la lui garantir.

Oublions, s'il est possible, les sacrifices accomplis, oublions le passé ; mais, instruits par l'expérience, sauvons l'avenir : le danger est là, il est tel qu'une résolution énergique et éclairée est nécessaire, afin que la France, après avoir laissé asseoir l'archiduc sur le trône du Mexique, ne se laisse pas entraîner à lui en assurer, par-dessus le marché, la possession.

Nous demandons instamment que la France, libre par la liberté même qu'elle a laissée au Mexique, abandonne ce pays aussitôt que l'archiduc en aura pris possession.

De deux choses l'une :

Ou l'élection de l'archiduc est l'expression sérieuse des vœux du peuple mexicain, alors notre tâche est accomplie et nous n'avons plus qu'à céder la place ;

Ou bien, on a trop présumé des intentions de ce peuple, on a disposé de lui sans son assentiment véritable, alors les armes de la France ne doivent pas servir à lui imposer une dynastie qui ne puiserait pas sa séve dans le sol national.

Si l'archiduc Maximilien peut monter seul sur le trône du Mexique, il est réellement empereur légitime, mais il n'a plus besoin de nous ; s'il a besoin de nous, si c'est nous qui lui aidons à gravir les marches de son trône, il n'est plus que le client de la France.

Il est fort possible que les Mexicains et l'archiduc soient d'accord pour réclamer de part et d'autre l'appui de la France, et dans leur esprit cette généreuse France est peut-être destinée à faire les frais du lien qui doit les unir.

En adoptant l'archiduc, n'est-il pas vraisemblable, en effet, que les Mexicains ont cru acclamer le candidat de la France, et qu'avec l'archiduc c'est l'appui, le secours, le patronage de la France qu'ils croient s'être acquis ?

Cette conduite est rationnelle de leur part : l'archiduc ne peut pas plus leur suffire qu'il ne peut se suffire à lui-même ; abandonné par la France au Mexique, il y serait impuissant et compromis.

Cela est si vrai que le jour où le Mexique verrait qu'il a bien l'archiduc, mais qu'il n'a pas la France avec, on pourrait s'apercevoir que cette situation recèle un malentendu.

C'est ce malentendu que, dans l'intérêt de l'archiduc ,

dans l'intérêt du Mexique, pour l'honneur et la dignité de la France, il faut à tout prix éclaircir et conjurer.

Dira-t-on : pour que son œuvre ne reste pas inachevée, la France doit consolider le trône de l'archiduc ; dans ce but, elle doit prêter à ce prince un appui temporaire et limité.

Ce point de vue est faux. Cette idée est dangereuse; il faut la combattre à outrance : non, l'archiduc n'est pas l'œuvre de la France ; la France ne lui doit rien. L'Assemblée des notables de Mexico a été libre, le gouvernement provisoire institué par elle n'a pas consulté le Gouvernement de l'Empereur. Il a pris à la hâte une décision à lui seul. La France n'est pour rien dans ce qui s'est fait; elle commettrait une faute immense en adoptant et en patronnant après coup le candidat de l'Assemblée mexicaine.

Croire qu'une protection momentanée pourrait consolider le trône de l'archiduc, rien de plus funeste.

S'obliger à soutenir l'archiduc jusqu'à ce que son établissement soit affermi, ce serait l'engagement le plus téméraire, le plus imprudent, le plus lourd que la France puisse jamais contracter; une fois pris, son honneur serait engagé.

Pourquoi la future souveraineté de l'archiduc nous semble-t-elle si précaire? Avant tout, à cause de l'état de désorganisation où se trouve le Mexique, après tant d'années d'anarchie. — A ce sujet, nous ne saurions mieux faire que de laisser parler le rapport de la commission de l'Assemblée des notables de Mexico :

« Les constitutions étaient impuissantes à établir l'ordre et la paix, et les partisans acharnés de la République..... violèrent les premiers les garantics les plus précieuses et se jetèrent dans une suite de dictatures militaires ....
Sous ces gouvernements discrétionnaires, et principalement sous le dernier, il est inutile d'ajouter que le despotisme atroce du chef de l'État et de ses sicaires s'est manifesté dans toute l'étendue du Mexique par l'injustice, la violence, l'incendie, le vol et l'assassinat, pratiqués par les plus hautes comme par les plus infimes autorités. »

« Après cela, il n'est pas surprenant d'avoir vu des voleurs de grand chemin occuper les postes les plus élevés, d'avoir vu la dilapidation des revenus du Trésor, celle des biens du clergé confisqués iniquement et sans bénéfice pour le pays. La soi-disant réforme n'a réuni autour d'elle que les vagabonds, les bandits qui, sous ce drapeau populaire, très-populaire même, ont ravagé, brûlé les récoltes, les villages et saccagé les grandes villes. Le progrès n'a consisté que dans le pillage des propriétés et des établissements ecclésiastiques au profit de quelques agioteurs, qui n'ont même pas respecté les biens des communes, ni ceux des hôpitaux. »

« En présence de ce triste tableau, résumé de quarante années de luttes stériles, qui ont conduit à la DÉPRAVATION un peuple *autrefois* de mœurs honnêtes ; à la MISÈRE un pays opulent; au MÉPRIS et au démembrement d'un royaume qui fut immense et respecté.............. »

Triste tableau, en effet, et que nous voulons croire chargé de couleurs trop sombres.

Toujours est-il que le Mexique ne s'est soustrait à la domination séculaire des Espagnols que pour tomber dans l'anarchie la plus longue dont il soit fait mention dans l'histoire. Cette anarchie dure depuis quarante ans sans interruption; cinquante présidents environ se sont succédé d'une manière plus ou moins irrégulière : voici bientôt trois siècles et demi que ce pays n'a joui d'un gouvernement national, paisible et régulier.

Quarante années d'anarchie et de guerre civile, de rapines et de vols, de violences, de brigandages et de meurtres n'ont pas encore appris au Mexique à constituer un gouvernement durable.

L'ordre est sorti du pays avec les Espagnols. Il n'y a reparu qu'avec les Français.

Aujourd'hui Juarez est chassé, les brigands sont en fuite, le pays est libre, indépendant, livré à lui-même; eh bien! toutes les villes demandent des soldats français pour les garder; si nos troupes se retiraient la partie paisible de la nation continuerait à tendre la gorge à ses bourreaux.

Il y a, entre toutes, une preuve frappante de cette étrange impuissance du Mexique à vaincre l'anarchie qui le dévore. Il avait un moyen simple, facile, certain, de rétablir l'ordre dans son sein, en consolidant ses institutions républicaines, c'était de s'unir aux États-Unis et de participer ainsi à la grandeur, à la liberté, à la sécurité de cette vaste démocratie. Mais les factions étreignent si bien le Mexique, que, loin de s'associer aux États-Unis, cet État leur a fait la guerre, et que le gouvernement fédéral même, après s'être emparé de Mexico, s'est retiré sans espoir de s'assimiler ce pays qu'il convoitait avec ardeur.

Au Mexique la bravoure individuelle se montre à chaque pas; mais les idées sont tellement perverties, l'individualisme poussé à un tel excès, les gouvernements antérieurs si discrédités, les autorités si déchues, la défiance telle, que toutes les factions trouvent des soldats, la société pas un défenseur.

Au Mexique les mœurs et les caractères sont altérés; les idées saines ont perdu leur empire; tout est à faire, tout est à créer; c'est la régénération d'un grand peuple et d'un vaste pays. Quelle tâche! quelle œuvre!

Pour l'accomplir où l'archiduc puisera-t-il la force nécessaire?

Il n'a sans doute pas la prétention de n'avoir qu'à paraître.

Et d'abord comment formera-t-il une armée régulière, fidèle à sa personne, et dévouée à l'ordre?

Les chefs et les soldats ralliés à l'intervention française sont en petit nombre; une partie des soldats de Juarez a fini par assassiner ses généraux pour les voler. Pour constituer une force armée régulière et nationale au Mexique, où sont les lois, l'administration et les éléments matériels? Où trouver, comment former des soldats et des officiers? Improvise-t-on une armée disciplinée, instruite, capable d'assurer l'ordre à l'intérieur et l'indépendance à l'extérieur? Combien de temps faut-il au pays le meilleur, au pays le mieux disposé, avant d'avoir une armée digne de ce nom?

A son arrivée au Mexique l'archiduc, destitué de toute force publique, se trouvera en présence de trois éléments.

Il rencontrera d'abord le parti républicain qui soutenait Juarez et régnait avec lui; ce parti était le mieux organisé et incontestablement le plus fort; il a fallu une expédition française pour le renverser. Ce parti se ralliera-t-il à l'archiduc? Loin de là, il lui restera profondément et ouvertement hostile : on se rallie à la force, jamais à la faiblesse; les partis ne désarment que lorsqu'ils ont perdu toute espérance.

En présence de la faiblesse évidente du nouveau gouvernement, sachant que l'armée française seule peut le maintenir et qu'il doit infailliblement tomber si son tuteur l'abandonne, le parti républicain attendra le jour et l'heure où ses adversaires se trouveront livrés à ses coups et à ses vengeances.

L'idée de consolider l'archiduc à l'aide d'une protection

temporaire est tellement chimérique, que si, par hasard, on avait la prétention de fixer une limite à notre occupation, que si, par hasard, on annonçait qu'elle devra cesser dans un délai fixe de cinq ans, par exemple (nous prenons exprès un long délai), c'est absolument comme si on disait aux partis et aux factions qui guettent leur ancienne proie: Ayez patience, attendez cinq ans; dans cinq ans vous serez de nouveau les maîtres du Mexique.

Le second élément qui s'offrira à l'archiduc sera la masse honnête et tranquille de la population: malheureusement cette partie de la population représente la faiblesse; loin de protéger, c'est elle qui a besoin de protection; lui demander de la force, ce serait tourner dans un cercle vicieux: elle s'est constamment laissé opprimer; depuis longtemps elle a perdu le génie de l'organisation et de la résistance commune; elle restera sous le coup de la terreur que continuera à lui inspirer le parti violent; pour elle, se rallier à l'archiduc serait se compromettre: elle ne se ralliera pas.

Son attitude actuelle donne la mesure de sa conduite future: partout où sont les Français, elle se réjouit; partout où sont les juaristes, elle se résigne.

Reste le parti conservateur; mais c'est ce parti qui est

venu implorer l'intervention européenne, qui a inventé la candidature de l'archiduc ; c'est ce parti vaincu et abattu avant l'expédition française qui compte sur l'archiduc pour se relever ; si l'archiduc compte sur lui pour se soutenir, il y aura là un second cercle vicieux.

Et, d'ailleurs, le jour où l'archiduc sera réduit au rôle de chef de parti, et du parti le plus faible, ce jour-là l'archiduc sera perdu, ses ennemis lui feront la guerre, ses amis lui feront la loi.

Nous sommes bien loin de cette situation *monarchique* supérieure à tous et indépendante de tous que l'on voit décrite si complaisamment dans le rapport de la commission de l'Assemblée des notables :

« Cette institution de nos traditions historiques, dit le rapport, c'est la *monarchie*.......... combinaison dans laquelle la personne sacrée que l'on élève au trône n'est pas à la vérité l'État, mais en est la personnification la plus auguste, dans laquelle le roi, plus fort que tous, plus puissant que tous, au-dessus des machinations des anarchistes, n'a besoin de personne, ne craint personne, et peut ainsi récompenser le mérite sans bassesse, et rendre la justice en fermant les oreilles à l'esprit de vengeance. Les intrigues des partis, toujours plus faibles, et s'agitant inutilement dans leur impuissance, ne sauraient le faire trembler, et il se livre, exempt de soucis, à la réalisation des plans les plus hardis d'agrandissement national qu'il mène toujours à bonne fin, parce qu'il peut tout ce qu'il veut.... »

Nous ne nous demanderons pas jusqu'à quel point cet

idéal peut ressembler à l'archiduc Maximilien ; mais il nous semble qu'en réalité la main, la seule qui puisse jouer un pareil rôle, c'est la main de la France. Le rédacteur du rapport de la commission n'aurait pas mieux dit s'il avait eu en vue l'Empereur des Français quand il a tracé le tableau que nous venons de reproduire ; lui seul eût pu être pour le Mexique une sorte de Providence ; lui seul avait dans ses mains la puissance et les éléments nécessaires pour changer miraculeusement au Mexique le chaos en lumière, et pour y faire naître soudainement l'ordre et la prospérité.

L'archiduc n'apporte pas la force ; apportera-t-il la richesse ? Entraînera-t-il à sa suite toute une nation ardente à l'action, douée du génie des entreprises, ayant des capitaux, des intelligences et des bras prêts à mettre en œuvre les éléments de la prospérité du pays?

Sa présence suffira-t-elle à couvrir le Mexique de routes, de canaux, de chemins de fer, à relever le crédit de l'État, à susciter ces grands établissements financiers qui alimentent les travaux publics, en un mot à mettre ce pays au niveau des peuples avancés en civilisation ? Hélas ! non.

Voilà pour les dificultés intérieures; à l'extérieur sont-elles moins grandes ?

L'établissement de l'archiduc au Mexique, c'est la constitution d'une monarchie à la porte des grandes républiques américaines : à leur égard, c'est une menace telle que les États confédérés du Sud, eux-mêmes, qui pouvaient considérer l'occupation française du Mexique comme un point d'appui, devront envisager d'un tout autre œil l'édifice monarchique de l'archiduc : plus la monarchie mexicaine serait heureuse et prospère, plus elle serait menaçante pour les États voisins. Son triomphe serait une atteinte grave portée au principe républicain ; c'est donc presque une question de vie ou de mort pour les républiques américaines d'empêcher une dynastie de grandir et de se consolider au Mexique.

Pas d'illusions, un gouvernement monarchique ne peut être solide au Mexique en présence de gouvernements républicains hostiles par sentiment, par principe, par intérêt.

Que l'on y réfléchisse bien : l'archiduc au Mexique, dans un temps donné, c'est la guerre, la guerre à outrance, une guerre plus acharnée et plus implacable que celle qui se livre en ce moment sur le continent américain ; et, à en juger par le degré de passion et la puissance de haine qui se déploient dans celle dont le monde est témoin, que sera celle que nous prévoyons ?

En attendant qu'elle éclate, les ennemis extérieurs de l'archiduc donneront la main à ses ennemis intérieurs ; ils exciteront les haines et entretiendront les espérances ; ils fourniront les moyens de soutenir la lutte, d'alimenter la guerre civile ; ils donneront des armes et de l'argent, et jusqu'à ce qu'ils puissent renverser un gouvernement odieux, les États-Unis et autres auront un intérêt de premier ordre à entretenir pieusement au Mexique le trouble, la discorde et l'anarchie.

Cela est si vrai que, suivant les journaux, le président Lincoln, dans la situation critique où se trouvent les affaires américaines, après avoir acheté une partie du Mexique par un traité existant, s'est empressé de reconnaître officiellement M. La Fuente pour représentant du gouvernement de Juarès, et d'envoyer à celui-ci des officiers américains pour commander ses guérillas.

Cela est si vrai qu'il est bruit d'une coalition de toutes les républiques américaines du Sud comme du Nord contre la *néo-monarchie* mexicaine.

En présence de ces complications, les partis, loin de désarmer, attendent les événements ; le général Doblado et d'autres ne font aucune espèce de soumission, et les provinces qu'ils occupent ne bougent pas.

En réalité, rien n'est plus téméraire que l'idée d'une monarchie mexicaine destituée de toute espèce de point d'appui, menacée à l'intérieur et à l'extérieur, environnée d'ennemis irréconciliables et cent fois plus puissants qu'elle. S'engager jusqu'à ce que cette monarchie soit consolidée, c'est s'engager indéfiniment, c'est s'aventurer dans une entreprise impossible, c'est commettre une imprudence politique.

Nous le répétons, le raisonnement le plus dangereux à l'aide duquel on puisse entraîner la France est de lui dire qu'elle ne doit pas laisser son œuvre inachevée, et que, sans garantir le trône de l'archiduc, elle doit le protéger assez de temps pour qu'il puisse se consolider.

Ce raisonnement spécieux est fait pour produire sur l'esprit public la plus dangereuse des illusions.

Non-seulement l'œuvre de consolidation que l'on veut mettre à notre charge est pleine de périls et d'invraisemblance, mais encore, si la France l'entreprend, si elle soutient l'archiduc *un seul jour*, c'en est fait, elle se lie à son sort, elle lui garantit son trône, elle aliène sa liberté; jamais il ne lui sera possible de se dégager du lien qu'elle contracte.

Si la France laisse son drapeau au Mexique un seul jour après le couronnement de l'archiduc, si elle prête une main protectrice au commencement de son règne, la France change la position indépendante qu'elle s'est faite par la liberté qu'elle a laissée au Mexique; elle fait de l'archiduc son œuvre d'adoption, elle reconnaît et elle proclame la légitimité de son pouvoir, elle le déclare l'élu du Mexique, elle se rend responsable de cette combinaison aux yeux de l'Europe, elle contresigne cet avénement.

La France s'engage ainsi vis-à-vis de l'archiduc, qui met sa foi en elle, vis-à-vis de l'Europe, qui s'en rapporte à elle, vis-à-vis d'elle-même et de son propre honneur.

Après avoir donné à l'investiture de l'archiduc son appui matériel et moral, après s'être rendue témoin et juge de la régularité, de la vitalité du gouvernement qu'elle contribue à fonder, comment la France pourrait-elle jamais l'abandonner?

Désormais, sous peine d'avouer son erreur et de laisser détruire son œuvre, la France serait condamnée à défendre l'archiduc contre ses sujets aussi bien que contre ses ennemis; un jour, elle peut se trouver réduite à cette étrange alternative, de soutenir par la force un gouvernement odieux à ses sujets; ou de se faire son juge et de l'exécuter de ses propres mains.

Pour ne pas être prise dans cet engrenage impitoyable, la France doit être ferme et logique.

Elle a laissé les Mexicains libres de régler leurs affaires; à eux non pas à elle la responsabilité de leurs actes : elle doit décliner hautement toute participation dans l'établissement de la monarchie mexicaine, et faire connaître nettement sa ligne de conduite à l'archiduc, au Mexique, à l'Europe.

Si la France prend des demi-mesures, si l'ombre de son glorieux drapeau plane un seul jour sur le gouvernement du Mexique, elle s'engage dans la situation la plus périlleuse et la plus fausse.

Elle se rend solidaire d'un gouvernement étranger; elle se rend responsable de ses actes, responsable de ses fautes; elle lui donne une sorte de blanc-seing politique; elle accepte les risques, sans avoir les profits; elle est là pour réparer les échecs qu'elle n'aura pu empêcher; elle engage ses ressources, sa politique, ses finances dans les destinées de l'empire mexicain.

Quelle n'est donc pas l'illusion de ceux qui considèrent la candidature de l'archiduc Maximilien comme une solution; loin d'être une délivrance pour la France, c'est une chaîne.

L'avénement de l'archiduc protégé par la France ne serait pas autre chose que l'*occupation indirecte* du Mexique par la France, occupation qui n'aurait aucun des avantages d'une occupation directe et qui présenterait des dangers cent fois plus grands.

Si la France gouvernait le Mexique directement et par elle-même, elle le régirait d'après ses lois, ses idées, ses principes; elle le conduirait dans les voies de sa propre politique, et elle n'aurait à répondre que de ses actes.

Elle aurait pu, par l'effet de l'activité nationale, par la puissance de ses capitaux, par le génie de ses hommes d'industrie et de finance, transformer rapidement cette contrée privilégiée.

Il y avait là une œuvre digne d'elle, mais à la condition que cette œuvre portât son nom, fût marquée de son sceau, et qu'elle ne consistât pas à se faire l'éditeur responsable d'un gouvernement étranger.

En compensation des sacrifices que la protection de l'archiduc imposerait à la France, voici les avantages que cette conduite politique pourrait lui offrir :

La rupture complète de ses liens d'amitié avec la république américaine, l'imminence d'un conflit avec elle.

L'Autriche prévient d'avance qu'elle ne prend aucun intérêt à cette affaire, et qu'il ne faut pas compter sur sa reconnaissance.

Le Mexique ne pourrait nous concéder aucun avantage commercial exclusif, sous peine de s'aliéner les gouvernements dont il lui importe le plus de se concilier la faveur.

Enfin, obligés d'envelopper dans des langes le gouvernement nouveau-né, nous aurions sans doute bien mauvaise grâce à lui demander de s'épuiser pour acquitter ses dettes envers nous : il aurait bien plus besoin de nous emprunter qu'envie de nous rendre.

Le gouvernement de Mexico payerait-il les frais du corps d'occupation que la France aurait à maintenir sur son territoire ?

Ceci soulève la question de savoir si, aux termes de nos lois, le gouvernement français pourrait mettre une partie quelconque de notre armée au service d'un gouvernement étranger ; s'il pourrait, pour ainsi dire, la rendre mercenaire.

Il ne faut pas oblier que le service militaire est gratuit en France ; et s'il fallait 15,000 hommes au Mexique, comment pourrait-on demander à 15,000 jeunes gens de sacrifier sept années de leur vie pour aller défendre à deux mille lieues de la France un gouvernement étranger?

En résumé, la candidature de l'archiduc Maximilien au trône du Mexique est une solution qui n'est bonne ni pour la France, ni pour le Mexique, ni pour l'archiduc ; et nous ne saurions trop nous élever contre la précipitation fiévreuse avec laquelle elle a été si imprudemment mise en avant.

Quels que soient les vices de cette solution, la France n'y doit mettre aucun obstacle.

Laissons le Mexique porter librement sur le pavois l'archiduc Maximilien; la parole de la France dégagée, sachons conserver au moins le bénéfice de notre générosité, et désintéressons-nous d'une affaire qui n'est pas la nôtre.

Le gouvernement français est dans une situation excellente; nous le conjurons de la conserver intacte, en rappelant l'armée française sitôt que l'archiduc aura posé la couronne sur sa tête; nous le conjurons de ne pas mettre un seul jour le drapeau de la France au service d'un gouvernement étranger; il nous semble que ce n'est pas à la France qu'il peut convenir de traîner un seul instant le char de l'archiduc Maximilien.

Paris. — Imp. Paul Dupont, rue de Grenelle-Saint-Honoré, 45.

www.ingramcontent.com/pod-product-compliance
Ingram Content Group UK Ltd.
Pitfield, Milton Keynes, MK11 3LW, UK
UKHW032033260826
14628UKWH00006B/2931

9 782013 252645